York-Antwerp Rules 1890

im englischen Originaltext und in deutscher Übersetzung

nebst

erläuternden Anmerkungen

von

Jacob Ahlers

Vierte unveränderte Auflage.

Hamburg.
L. Friederichsen & Co.
1921.

York-Antwerp Rules 1890

im englischen Originaltext und in
deutscher Übersetzung

nebst

erläuternden Anmerkungen

von

Jacob Ahlers.

Vierte unveränderte Auflage.

Hamburg.
L. Friederichsen & Co.
1921.

Vorwort zur ersten Auflage.

Als ich im Juli 1878 meine kleine Schrift: „Die Einführung der York and Antwerp Rules of General Average, erläuterndc Bemerkungen zu den Antwerpener Beschlüssen vom 1. September 1877“ veröffentlichte, wurde ich dabei von dem Wunsche geleitet, zum Verständnis derselben und zur Förderung der allgemeinen Einführung der Rules in die Fracht- und Versicherungs-Verträge meinen bescheidenen Teil beizutragen. Der gleiche Wunsch leitet mich auch bei der Veröffentlichung des nachstehenden Berichtes über die Liverpooler Verhandlungen und Beschlüsse der „Association for the Reform and Codification of the Law of Nations“, denselben Gegenstand betreffend.

Es erscheint mir dabei als eine Pflicht der Dankbarkeit, der unstreitigen Verdienste, welche sich die Association for the Reform and Codification of the Law of Nations in der Zeit ihres Bestehens um die Feststellung und Verbreitung internationaler Grundsätze des Handels- und See-Rechts erworben hat, bei dieser Gelegenheit öffentlich zu gedenken.

Die York-Antwerp Rules bezeichnen einen der besten Erfolge des Vereins; sie sind innerhalb der verflossenen 13 Jahre zum Gemeingut aller seefahrenden Nationen geworden! Und so gebe ich mich auch der Hoffnung hin, daß das Ergebnis der Liverpooler Beschlüsse sich die Anerkennung der Seehandels-Kreise in der Richtung erwerben wird, daß es sich dabei um Vervollständigungen und Verbesserungen handelt, wie solche im Laufe der Jahre in der praktischen Anwendung der York-Antwerp Rules durch das Bedürfnis gezeitigt worden sind.

Indem die Konferenz in Liverpool sich darauf beschränkte, das Gute in den Rules zu erhalten, klarer zu stellen und zu befestigen, und diejenigen Punkte, welche sich zu fernerer Einigung auf internationalem Wege eignen, aufzusuchen, unter gleichzeitiger Vermeidung aller der Gebiete, auf welchen die bestehenden besonderen Gesetze der Staaten eine internationale Einigung zur Zeit noch erschweren würden, hat sie, meines Dafürhaltens, einen bedeutenden Schritt zur Förderung internationaler Gleichförmigkeit eines wichtigen Zweiges des Handelsrechts getan. Wie jeder derartige Schritt eine Vereinfachung und Erleichterung internationaler Handelsbeziehungen bedeutet, so darf auch von der allgemeinen Annahme und loyalen Durchführung der Beschlüsse erwartet werden, daß dieselben allen Beteiligten zum Segen gereichen.

Hamburg, im September 1890.

Jacob Ahlers.

Vorwort zur zweiten Auflage.

Die im Vorwort zur ersten Auflage ausgesprochene Hoffnung, daß das Ergebnis der Liverpooler Beschlüsse sich die Anerkennung der Seehandelswelt erwerben werde, ist in Erfüllung gegangen. Mit Genugtuung darf hinzugefügt werden, daß die „York-Antwerpener Regeln 1890", wie jede neue internationale Vereinbarung, wohl in einzelnen Punkten Mißverständnissen und Zweifeln begegnet sind, daß aber, meines Wissens, keine der Regeln zu einer Anrufung der Gerichte Veranlassung gegeben hat. Zweifel bei der praktischen Anwendung der Regeln sind mir nur bezüglich der Regel XII zur Kenntnis gelangt; ich werde derselben bei den erläuternden Anmerkungen zu der Regel XII Erwähnung tun.

Hinsichtlich der Einführung der York-Antwerp Rules 1890 sind die in dem Bericht über den 1892er Kongreß der Association for the Reform and Codification of the law of Nations enthaltenen Äußerungen des Präsidenten der Liverpooler Handelskammer Mr. Chs. Mc. Arthur von allgemeinem Interesse.

Mr. Mc. Arthur berichtet, daß in dem neuen Dänischen Seerecht vom Jahre 1892 (bekanntlich gleichlautend von den gesetzgebenden Körperschaften aller drei Skandinavischer Reiche — Dänemark, Schweden und Norwegen — angenommen), in welchem die Aufmachung von großen Havereien ihre Regelung fast wörtlich in Übereinstimmung mit der sogenannten Konvention von 1850 gefunden habe, doch einige Änderungen vorgenommen seien, welche das Skandinavische Recht in größere Übereinstimmung mit den York-Antwerp Rules 1890 brächten, so daß das neue Seerecht, abgesehen von einigen unwesentlichen Details, in den Hauptpunkten nunmehr mit den York-Antwerp Rules 1890 harmoniere.

Auch in den Vereinigten Staaten seien die neuen Regeln einer durchweg günstigen Aufnahme begegnet, nachdem die Zulässigkeit der Vergütung für Beschädigung an im Nothafen entlöschter Ladung (siehe Regel XII) Aufnahme gefunden habe, deren früherer Ausschluß der allgemeinen Annahme der ursprünglichen Regeln von 1877 stets entgegen gestanden habe.

Der Titel „York-Antwerp Rules 1890" bedurfte einer nochmaligen Beschlußfassung auf dem 15. Kongreß der Association for the Reform and Codification of the Law of Nations zu Genua im October 1892. Der Präsident der Liverpooler Handelskammer Mr. Chs. Mc. Arthur beantragte daselbst die folgende Resolution:

> „That this Association having been apprised that some inconvenience and confusion have been caused by the co-existance of two sets of York-Antwerp Rules of General Average viz: those of 1877 and 1890 respectively, and being satisfied that the Rules as revised in 1890 have been accepted by the mercantile world in substitution for the original Rules, hereby declares that the only International Rules of General Average now having its sanction and authority are the York-Antwerp Rules as revised in 1890 and that the original Rules are rescinded."

Dieser Antrag war durch die Unsicherheit begründet, welche aus dem Nebeneinanderbestehen der ursprünglichen York-Antwerp Rules (auf dem 1877er Kongreß der Association zu Antwerpen beschlossen) und der in Liverpool amendirten „York-Antwerp Rules 1890" entstanden war.

Der damaligen Empfehlung des Executiv-Komitees der Association: die York-Antwerp-Klausel in allen Dokumenten dahin zu ändern, daß die revidierten Regeln zu gelten hätten, war von vielen Reedern, Kaufleuten und Versicherern entsprochen worden. Andere hatten dagegen die ursprüngliche Form der Klausel ohne den unterscheidenden Zusatz „1890" beibehalten, nicht etwa in der Absicht, die alten Regeln bestehen zu lassen, sondern lediglich aus Unachtsamkeit oder in der Absicht, die vorhandenen alten gedruckten Formulare von Konnossementen und dergl. erst aufzubrauchen. Es wurde dabei von vielen Beteiligten von der begreiflichen Annahme ausgegangen, daß die veränderten Regeln ganz von selbst an die Stelle der ursprünglichen Regeln treten würden, so daß, wenn der Kontrakt nur überhaupt die York-Antwerp-Klausel enthalte, eine ausdrückliche Bezugnahme auf die geschehene Revision überflüssig sei. Eine kontraktliche Vereinbarung, große Haverei nach York-Antwerp Rules zu zahlen, würde darnach, so meinte man, immer nur als auf den letzten autorisierten Text der Regeln Bezug habend, behandelt werden können. Dieser von einer großen Zahl von Geschäftsleuten geteilten Auffassung stimmte auch ein Erkenntnis des Handelsgerichts zu Rouen, in einem von der „Shipping Gazette Weekly Summary" vom 25. September 1891 berichteten Falle (Stephens & Manson, Reeder des Dampfers „Rowland" gegen Waller Bros. & Co.), bei.

Englische Dispacheure vermochten dieser Anschauung nicht ohne weiteres zu folgen, da die Tatsache nicht zu übersehen war, daß die Regeln von 1877 in Liverpool 1890 keineswegs ausdrücklich als zu Gunsten der amendierten Regeln abgeschafft erklärt worden waren, man es vielmehr den kontrahierenden Parteien hatte offen halten wollen: entweder die 1890er Regeln anzunehmen oder an den 1877er Regeln festzuhalten.

Dies Verfahren war s. Zt. vielleicht praktisch, weil man noch nicht ermessen konnte, wie die amendierten Regeln von der Handelswelt aufgenommen werden würden, und die Association hatte s. Zt. natürlich auch nicht die Absicht, ein fait accompli zu schaffen. Seitdem hatten die neuen Regeln aber die Probe der Praxis bestanden und waren zu einem fait accompli geworden, während der Umstand, daß die alten Regeln noch immer unwiderrufen fortbestanden, nur dazu diente, die allgemeine Einführung der neuen Regeln zurückzuhalten.

Auch die Deutschen und Belgischen Dispacheure hielten sich nicht ohne weiteres befugt, dort, wo der unterscheidende Zusatz „1890" fehlte, die neuen Regeln in Anwendung zu bringen.

So gab das Verfahren, welches die Dispacheure einzuschlagen sich gezwungen sahen, zu den größten Unzuträglichkeiten Veranlassung, welche sich noch um so mehr zuspitzten, als es nicht selten vorkam, daß aus Unachtsamkeit bei einer und derselben Ladung ein Teil der Konnossemente die Regeln ohne, ein anderer Teil dieselben mit dem unterscheidenden Zusatz „1890" enthielt. Bei strikter Interpretation der Kontrakte hätten solche Fälle zu zwei verschiedenen Dispachen führen müssen.

Angesichts der zweifelhaft dokumentierten allgemeinen Zustimmung der Handelswelt zu den 1890er Regeln, hatte der Antrag des Herrn Chs. Mc. Arthur nicht allein seine volle Berechtigung, sondern entsprach auch einem dringenden Bedürfnisse, schweren Unzuträglichkeiten und Verwickelungen ein Ende zu machen. Die in Übereinstimmung mit bezüglichen Beschlüssen der Liverpool Chamber of Commerce, der Liverpool Underwriters' Association, der Liverpool Average Adjusters' Association, des Institute of London Underwriters, der Hull Incorporated Chamber of Commerce and Shipping, und der Glasgow Underwriters' Association vorgeschlagene und von Herrn J. K. Miller, Vertreter der United Kingdom Mutual Steamship Assurance Association sekundierte Resolution wurde daher von der Versammlung in Genua einstimmig zum Beschluß erhoben.

Darnach sind nunmehr die Regeln von 1877 als obsolet und die York-Antwerp Rules 1890 als die, die Autorität der Association besitzenden, von der Handelswelt adoptierten und daher allein gültigen festgestellt worden, gleichviel ob im einzelnen Falle die Dokumente den entscheidenden Zusatz „1890" enthalten oder nicht.

Hamburg, im August 1894.

Jacob Ahlers.

Inhalt.

Historische Einleitung.

Der Vorschlag, die Revision der York-Antwerp Rules auf die Tagesordnung der Liverpooler Konferenz der „Association for the Reform and Codification of the Law of Nations“ zu setzen, kam den kontinentalen Mitgliedern der Association einigermaßen überraschend. Hatten sich auch im Laufe der Jahre seit Einführung der Rules von 1877 Zweifel über das Verständnis und die praktische Handhabung einzelner Regeln aufgetan, so konnte man denselben im allgemeinen doch das Zeugnis ausstellen, daß sie gut gearbeitet und nur in verschwindendem Maße zu Rechtsstreitigkeiten, wie solche s. Zt. von den Gegnern vorausgesehen wurden, Veranlassung gegeben hatten. Freilich trug auf dem Kontinent zu einem so wenig erwarteten Erfolg viel der Umstand bei, daß das heimatliche kodifizierte Recht ausfüllend eintrat, wo die Regeln eine Lücke gelassen hatten. Aber auch in England, wo man in den ersten Jahren mit dem prinzipiellen Widerspruch Lloyds zu rechnen hatte, brach doch bald die praktische Brauchbarkeit der Regeln sich Bahn, und die Anwendung derselben konnte selbst durch ein Erkenntnis der höchsten Gerichtshöfe (Svendsen c. Wallace) nicht beeinträchtigt werden, welches im Widerspruch mit dem Grundprinzip der Rules den Rechtssatz wieder aufstellte, daß der Akt der großen Haverei, als solcher, mit der Erreichung der gemeinsamen Sicherheit beziehungsweise mit dem Aufhören der gemeinsamen Gefahr seine Endschaft erreiche (das common safety Princip); der Fall ist in dem schätzbaren Bericht des Dr. Ernest E. Wendt auf der Hamburger Konferenz vom Jahre 1885 des Näheren beleuchtet, auch in dessen „Papers on Maritime Law“, aufgenommen. Die Beschlüsse der im Jahre 1885 in Antwerpen und 1888 in Brüssel unter dem Schutze des Königs Leopold stattgefundenen Handelsrechts-Kongresse ließen dagegen den Hauptgrundsatz der Regeln (das common benefit Princip) unangetastet. In Thomas Barclay's L. L. B., auf der Liverpooler Konferenz verteilten wertvollen Schrift „The Definition of General Average" heißt es in dem Kapitel über eine universelle Definition und deren Schwierigkeiten:

„— — — to frame a Universal Definition of General Average is no light task, though progress is not unattainable."

„German and Scandinavian views are in the main in accord with those of English practice, and on several of the points upon which the French Code and its imitators most differ from them, French writers of eminence tend towards reform in the sense of the English and German rules. Lastly, the resolutions of the International gathering at Brussels, in 1888, show that the views of competent men on the continent will not block the way to the adoption of homogeneous rules."

Hatten nun die York-Antwerp Rules sich bewährt, so lag die Erwägung nahe, daß eine erfolglose Revision derselben eher geeignet sein würde, das Bestehende zu erschüttern, als neue Einigungspunkte zu schaffen.

Überdies war man auf dem Kontinent so spät in den Besitz der neuen englischen Vorschläge, welche die Basis der Liverpooler Beratungen bilden sollten, gelangt, daß nur ein sehr kurzer Zeitraum verblieb, um sich über dieselben schlüssig zu werden.

Die Änderungen befanden sich in England seit Mai dieses Jahres in Vorbereitung seitens der „Association of Average Adjusters", also wohl der kompetentesten Versammlung von erfahrenen Fachmännern, die sich denken läßt. In die Hände der kontinentalen Mitglieder gelangte der „Preliminary-Report" derselben vom 31. Juli dieses Jahres aber erst Anfang August, und der endgültige Bericht nebst den eigentlichen Anträgen eines aus Delegierten der Liverpooler Handelskammer (Henry Coke, Chas. Mc. Arthur, Samuel Cross), der „Shipowners Association" (Donald Kennedy, J. H. Worthington), der „Steamship Owners Association" (Henry Beazley, Gray Hill), der „Underwriters Association" (J. S. Allen, H. T. Wallace), der „Liverpool Average Adjusters Association" (F. C. Danson, Walter Lowndes) und der „Cotton Association" (Joseph Thorburn) zusammengesetzten Special-Komitees gelangte gar erst in der Sitzung der Liverpooler Konferenz selbst zur Verteilung. Die endgültigen Anträge basierten freilich im wesentlichen auf jenem „Preliminary Report" und kann von letzterem daher hier füglich abgesehen werden, um so mehr als verschiedene u. A. auch in den, in der Hamburger Handelskammer stattgefundenen Vorberatungen, zu ernsten Beanstandungen Veranlassung gebende Änderungen und Zusätze, schon aus den definitiven Anträgen fortgelassen worden waren.

Trotz der ungenügenden Vorbereitung des Gegenstandes entwickelte sich die Beratung in den Sitzungen der Konferenz unter der vortrefflichen Leitung ihres Vorsitzenden, des hanseatischen Oberlandesgerichts-Präsidenten Dr. Sieveking, in der denkbar günstigsten Weise. Es schien allen Beteiligten Herzenssache zu sein, weder die Gründlichkeit in der Sache noch die Verbindlichkeit in der Form zu kurz kommen zu lassen. An der, in der Regel mit einer Erläuterung des Vizepräsidenten der Liverpooler Handelskammer Mr. Chs. Mc. Arthur über die einzelnen Vorschläge eröffneten Debatte, beteiligten sich außer Genanntem der Präsident der National Line Mr. Donald Kennedy und Mr. J. H. Worthington als Vertreter der Liverpool Shipowners Association, der Sekretär der Liverpool Steamshipowners Association Mr. Gray Hill, der Präsident der Liverpool Underwriters Association und Vertreter der Union Marine Insurance Company Mr. J. S. Allan, die Dispacheure Elmslie, zweiter Vorsitzender der Londoner Association of Average Adjusters, Lindley, Danson und Rundell, der durch sein Werk „Carrige of goods by sea“ bekannte Barrister Mr. T. G. Carver, der Vertreter vieler kontinentaler und amerikanischer Versicherungs-Gesellschaften Dr. Wendt (London), der Begründer des „Institute of London Underwriters“ Mr. Rose, der Vertreter der Londoner Schiffsreeder Mr. Fenwick, der Rechtsgelehrte Mr. Griffith u. A. m.

Von belgischer Seite beteiligten sich lebhaft die Herren Langlois, van Eeten und van Peborgh, welche mit Herrn Henry Fester als Delegierte der Handelskammer Antwerpens erschienen waren. Dänemark war wirksam vertreten durch die Herren Direktor Jacobsen und Dispacheur Middelboe und Deutschland durch die Herren Laeisz und Ahlers (Handelskammer Hamburg), Dr. Predöhl (Verein Hamburger Reeder), Ascan B. Moller (Verein Hamburger Assecuradeure), Direktor Sternberg (Oberrheinische Versicherungs-Gesellschaft in Mannheim), Dr. Gensel (Handelskammer Leipzig) u. A. m.

Bei Beginn der Beratungen war von Herrn Langlois-Antwerpen die Vorfrage gestellt worden, ob man überhaupt an den York-Antwerp Rules rühren solle, ob es nicht vielmehr besser sei, daß die Association erkläre, die Regeln hätten in der Praxis gut gearbeitet und die Zeit für eine Revision erscheine noch nicht gekommen. Angesichts der Unsicherheit der Verlaufs der Beratungen war es begreiflich, daß diese Anschauung auch vielen der übrigen kontinentalen Delegierten nicht unsymphatisch war, da man sich darüber einig war, daß ein Mißerfolg der Konferenz in dieser Materie einen bedauerlichen Rückschritt bedeuten werde. Herr Langlois sah sich jedoch veranlaßt, die Stellung der question préalable bis zum Schluß der Beratung zu stunden. Und da nunmehr fast alle Beschlüsse einstimmig, einzelne mit überwiegender Majorität gefaßt wurden, nahm Herr Langlois überhaupt von der Stellung der Vorfrage Abstand. Es bedurfte alsdann noch eines Beschlusses der Association über den Zeitpunkt der Einführung der neuen Regeln. Von einigen Seiten wurde das Abwarten eines gewissen Zeitraumes befürwortet, um zu etwaigen berechtigten Einwendungen Zeit und Gelegenheit zu geben. Andererseits hielt man dafür, daß angesichts der Einstimmigkeit der Beschlüsse keine Veranlassung vorläge, mit der alsbaldigen Einführung der neuen Regeln, für welche auf Vorschlag des Herrn Gray Hill der kurze Titel „York-Antwerp Rules 1890“, also mit dem alleinigen Unterscheidungsmerkmal der Jahreszahl der Entstehung, beschlossen wurde, zu zögern. Diese Ansicht gewann die überwiegende Mehrheit für sich, wozu nicht zum wenigsten eine außerordentlich sympathisch berührende Ansprache des Ehrenpräsidenten Mayors von Liverpool, Mr. Thomas Hughes, beitrug, in welcher ausgeführt wurde, daß, obgleich der Sache fernstehend, ihm doch die sofortige Einführung empfehlenswert erscheine, da man Niemanden werde hindern können, die neuen Regeln sofort in praktischen Gebrauch zu setzen, und daß dies, wenn überhaupt etwas Gutes daran sei, was er nach der Einstimmigkeit der Versammlung annehmen müsse, dann ohnehin recht bald geschehen dürfte. Es wurde gegen wenige dissentierende Stimmen demgemäß beschlossen und dem Executive Council der Association die geeigneten Schritte zur Veröffentlichung anheimgegeben.

So mögen denn die „York-Antwerp Rules 1890“, deren Beratung und Beschlußfassung bei aller Gründlichkeit von dem Bestreben geleitet wurde, im internationalen Verkehr nicht das Trennende zu betonen, sondern das Einigende hervorzusuchen, ihren Weg in die Handelswelt antreten, in Erfüllung des Anspruchs in der ausgezeichneten Eröffnungsrede des Präsidenten Dr. Sieveking:

„Necessity commands that the language of the laws which govern the seas, shall be one.“

York-Antwerp Rules 1890,

adopted in the Liverpool Conference of the Association for the Reform and Codification of the Law of Nations 1890.

York-Antwerpener Regeln 1890.

Grundsätze der großen Haverei, angenommen von dem Kongreß der Gesellschaft für die Reform und Kodifikation des Völkerrechts zu Liverpool im Jahre 1890.

Rule 1.[1]) — Jettison of deck cargo. — No jettison of deck cargo shall be made good as general average.

Every structure not built in with the frame of the vessel shall be considered to be a part of the deck of the vessel.

Regel 1. — Seewurf von Decklasung. — Seewurf von Decklasung soll nicht als große Haverei vergütet werden.

Jeder Aufbau, welcher nicht in das Gerippe des Schiffes eingebaut ist, soll als ein Teil des Decks des Schiffes betrachtet werden.

Rule 2.[2]) — Damage by jettison and sacrifice for the common safety. — Damage done to a ship and cargo, or either of them, by or in consequence of a sacrifice made for the common safety, and by water which goes down a ship's hatches opened or other opening made for the purpose of making a jettison for the common safety, shall be made good as general average.

Regel 2. — Schaden durch Seewurf und, zum Zwecke der Errettung aus gemeinsamer Gefahr, gebrachte Opfer. — Schaden,

[1]) Sämtliche Anmerkungen finden sich Seite 17 u. ff. zusammen.

welcher dem Schiffe oder der Ladung oder beiden, sei es durch ein zum Zweck der Errettung beider aus einer gemeinsamen Gefahr gebrachtes Opfer, sei es durch Wasser, zugefügt wird, welches durch die Schiffsluken oder andere Öffnungen eindringt, nachdem zum Zweck eines zur Errettung aus einer gemeinsamen Gefahr zu machenden Seewurfs die Luken geöffnet oder die anderen Öffnungen gemacht worden sind — soll als große Haverei vergütet werden.

Rule 3.[3]) — Extinguishing fire on shipboard. — Damage done to a ship and cargo, or either of them, by water or otherwise, including damage by beaching or scuttling a burning ship, in extinguishing a fire on board the ship, shall be made good as general average; except that no compensation shall be made for damage to such portions of the ship and bulk cargo, or to such separate packages of cargo, as have been on fire.

Regel 3. — Löschen eines Feuers an Bord des Schiffes. — Schaden, welcher dem Schiffe oder der Ladung oder beiden beim Löschen eines Feuers an Bord durch Wasser oder sonstwie zugefügt wird, einschließlich Schadens durch auf den Strand-Setzen oder Anbohren eines brennenden Schiffes, soll als große Haverei vergütet werden, mit der Ausnahme, daß kein Ersatz für Schaden an solchen Teilen des Schiffes oder einer Bulkladung oder an solchen einzelnen Kolli einer Ladung gegeben werden soll, welche selbst vom Feuer ergriffen gewesen sind.

Rule 4. — Cutting away wreck. — Loss or damage caused by cutting away the wreck or remains of spars, or of other things which have previously been carried away by sea-peril, shall not be made good as general average.

Regel 4. — Kappen von Schiffstrümmern. — Verlust oder Schaden durch Kappen der Trümmer oder Überbleibsel von Rundhölzern oder von anderen Sachen, welche durch Seeunfälle vorher weggeführt worden sind, sollen nicht als große Haverei vergütet werden.

Rule 5.[4]) — Voluntary stranding. — When a ship is intentionally run on shore, and the circumstances are such that if that course were not adopted she would inevitably sink, or drive on shore or on rocks, no loss or damage caused to the ship, cargo, and freight, or any of them by such intentional running on shore shall be made good as general average. But in all other cases where a ship is intentionally run on shore for the common safety, the consequent loss or damage shall be allowed as general average.

Regel 5. Freiwillige Strandung. — Wenn ein Schiff absichtlich auf den Strand gesetzt wird und die Umstände derartige sind, daß ohne diese Maßregel dasselbe unvermeidlich sinken oder auf den Strand oder Felsen treiben würde, so soll Verlust oder Schaden, welche dem Schiffe, der Ladung und der Fracht oder irgend einem dieser Gegenstände durch solches absichtliche auf den Strand-Setzen zugefügt werden, nicht als große Haverei vergütet werden. Dagegen soll in allen anderen Fällen, in welchen ein Schiff zum Zwecke der Errettung aus einer gemeinsamen Gefahr absichtlich auf den Strand gesetzt wird, der daraus entstehende Verlust oder Schaden als große Haverei vergütet werden.

Rule 6.[5]) — Carrying press of sail. — Damage to or loss of sails. — Damage to or loss of sails and spars, or either of them, caused by forcing a ship off the ground or by driving her higher up the ground, for the common safety, shall be made good as general average; but where a ship is afloat, no loss or damage caused to the ship, cargo, and freight, or any of them, by carrying a press of sail, shall be made good as general average.

Regel 6. — Prangen. — Schaden an Segeln oder Verlust von Segeln. — Schaden an oder Verlust von Segeln oder Rundhölzern oder beiden, welche zum Zwecke der Errettung von Schiff und Ladung aus einer gemeinsamen Gefahr durch forciertes Abbringen des Schiffes vom Grund oder Höherhinauftreiben desselben auf den Grund, herbeigeführt werden, sollen als große Haverei vergütet werden. Dagegen sollen Verlust oder Schaden, welche dem Schiffe, der Ladung und der Fracht oder irgend einem dieser Gegenstände durch Prangen zugefügt werden, während das Schiff flott war, in keinem Falle als große Haverei vergütet werden.

Rule 7.[6]) — Damage to engines in refloating a ship. — Damage caused to machinery and boilers of a ship, which is ashore and in a position of peril, in endeavouring to refloat, shall be allowed in general average, when shewn to have arisen from an actual intention to float the ship for the common safety at the risk of such damage.

Regel 7. — Schaden an der Maschine beim Abbringen eines Schiffes. — Schaden, welcher bei den Bemühungen, ein an Grund und in gefährdeter Lage befindliches Schiff abzubringen, der Maschine und den

Kesseln desselben zugefügt wird, soll in großer Haverei vergütet werden, wenn der Schaden nachweislich die Folge eines zur Ausführung gebrachten Entschlusses ist, das Schiff zum Zwecke der Errettung desselben und der Ladung aus einer gemeinsamen Gefahr, auf die Gefahr solches Schadens hin, abzubringen.

Rule 8.[6]) — Expenses lightening a ship when ashore, and consequent damage. — When a ship is ashore and, in order to float her, cargo, bunker coals, and ship's stores, or any of them are discharged, the extra cost of lightening, ligther hire, and reshipping (if incurred), and the loss or damage sustained thereby, shall be admitted as general average.

Regel 8. — Kosten der Leichterung und Schaden in Folge der Leichterung eines an Grund geratenen Schiffes. — Wenn ein Schiff an Grund geraten ist und, um dasselbe wieder abzubringen, Ladung, Bunkerkohlen und Schiffsausrüstung oder einzelne dieser Gegenstände gelöscht werden, so sollen die entstandenen Extrakosten der Leichterung, Leichtermiete und der etwaigen Wiederverladung sowie der dadurch erlittene Verlust oder Schaden als große Haverei vergütet werden.

Rule 9[6]) — Cargo, ship's materials, and stores burnt for fuel. — Cargo, ship's materials, and stores, or any of them, necessarily burnt for fuel for the common safety at a time of peril, shall be admitted as general average, when and only when an ample supply of fuel had been provided; but the estimated quantity of coals that would have been consumed, calculated at the price current at the ship's last port of departure at the date of her leaving, shall be charged to the shipowner and credited to the general average.

Regel 9. — Verbrauch von Ladung, Schiffsinventar und Schiffsausrüstung als Brennmaterial. — Ladung, Schiffsinventar und Schiffsausrüstung, bezw. der eine oder der andere dieser Gegenstände, welche unvermeidlicher Weise zum Zwecke der Errettung von Schiff und Ladung aus einer gemeinsamen Gefahr, während der Dauer der Gefahr als Brennmaterial haben verbrannt werden müssen, sollen dann, aber auch nur dann als große Haverei vergütet werden, wenn ein reichlicher Vorrat von Brennmaterial an Bord genommen war; — doch soll der Wert der Kohlen, welche nach Schätzung verbraucht sein würden — berechnet nach dem Marktpreise am letzten Abgangsort des Schiffes zur Zeit der Abreise —, dem Reeder belastet und der großen Haverei gutgebracht werden.

Rule 10.[7]) — Expenses at port of refuge etc. —

a) When a ship shall have entered a port or place of refuge, or shall have returned to her port or place of loading, in consequence of accident, sacrifice, or other extraordinary circumstances, which render that necessary for the common safety, the expenses of entering such port or place shall be admitted as general average; and when she shall have sailed thence with her original cargo, or a part of it, the corresponding expenses of leaving such port or place, consequent upon such entry or return, shall likewise be admitted as general average.

b) The cost of discharging cargo from a ship, whether at a port or place of loading, call, or refuge, shall be admitted as general average, when the discharge was necessary for the common safety or to enable damage to the ship, caused by sacrifice or accident during the voyage, to be repaired, if the repairs were necessary for the safe prosecution of the voyage.

c) Whenever the cost of discharging cargo from a ship is admissible as general average, the cost of reloading and stowing such cargo on board the said ship, together with all storage charges on such cargo, shall likewise be so admitted. But when the ship is condemned or does not proceed on her original voyage, no storage expenses incurred after the date of the ship's condemnation or of the abandonment of the voyage shall be admitted as general average.

d) If a ship under average be in a port or place at which it is practicable to repair her, so as to enable her to carry on the whole cargo, and if, in order to save expenses, either she is towed thence to some other port or place of repair or to her destination, or the cargo or a portion of it is transhipped by another ship, or otherwise forwarded, then the extra cost of such towage, transhipment, and forwarding, or any of them (up to the amount of the extra expense saved) shall be payable by the several parties to the adventure in proportion to the extraordinary expense saved.

Regel 10. — Kosten im Nothafen usw. —

a) Wenn ein Schiff durch Seeunfälle, Opfer oder andere außergewöhnliche Umstände gezwungen worden ist, zur Vermeidung einer dem Schiffe und der Ladung drohenden gemeinsamen Gefahr in einen Nothafen einzulaufen, bezw. einen Zufluchtsort anzulaufen oder in den Abladehafen bezw. an den Abladeplatz zurückzukehren, so sollen die Kosten des Einlaufens in solchen Hafen bezw. des Anlaufens eines solchen Platzes als große Haverei vergütet werden; und wenn das Schiff von dort mit seiner ursprünglichen Ladung oder einem Teil derselben wieder gesegelt ist, so sollen die entsprechenden Kosten des Auslaufens aus solchem Hafen bezw. der Aussegelung von solchem Platze, welche eine Folge des Einlaufens bezw. der Rückkehr sind, ebenfalls als große Haverei vergütet werden.

b) Die Kosten der Entlöschung eines Schiffes im Abladehafen bezw. am Abladeplatz, im Ordre- bezw. Anlaufhafen oder Nothafen, sollen als große Haverei vergütet werden, falls die Entlöschung zur Vermeidung einer dem Schiffe und der Ladung drohenden gemeinsamen Gefahr oder zu dem Zweck geschehen mußte, um die zur sicheren Fortsetzung der Reise erforderlichen Ausbesserungen von Schäden zu ermöglichen, welche das Schiff durch Opfer oder Unfälle während der Reise erlitten hatte.

c) In allen Fällen, in welchen die Kosten der Entlöschung eines Schiffes als große Haverei vergütet werden, sollen die Kosten des Wiederanbordbringens und der Stauung der Ladung an Bord des betreffenden Schiffes, sowie alle Lagerungskosten auf solche Ladung, gleichfalls als große Haverei vergütet werden. Wenn jedoch das Schiff kondemniert wird, oder seine ursprüngliche Reise nicht fortsetzt, so sollen Lagerungskosten, welche erst nach dem Tage der Condemnation des Schiffes oder des Aufgebens der Reise entstanden sind, nicht als große Haverei vergütet werden.

d) Wenn ein Schiff sich unter Haverei in einem Hafen oder an einem Platze befindet, wo es angänglich ist, dasselbe so zu reparieren, daß es im Stande ist, seine ganze Ladung weiter zu befördern, und, um Kosten zu ersparen, das Schiff entweder von dort nach einem anderen Reparaturhafen bezw. -platz oder nach seinem Bestimmungshafen geschleppt wird, oder die Ladung ganz oder teilweise in ein anderes Schiff übergeladen oder auf andere Weise weiterbefördert wird, so sollen die durch das Schleppen bezw. die Überladung oder Weiterbeförderung entstandenen Extrakosten (bis zum Betrage der ersparten Extrakosten) von allen Beteiligten an der Unternehmung im Verhältnis zu dem Betrage der ersparten außergewöhnlichen Kosten getragen werden.

Rule 11. — Wages and maintenance of crew in port of refuge, etc. — When a ship shall have entered or been detained in any port or place under the circumstances, or for the purposes of the repairs, mentioned in Rule 10, the wages payable to the Master, Officers, and Crew, together with the cost of maintenance of the same, during the extra period of detention in such port or place until the ship shall or should have been made ready to proceed upon her voyage, shall be admitted as general average. But when the ship is condemned or does not proceed on her original voyage, the wages and maintenance of the Master, Officers, and Crew, incurred after the date of the ship's condemnation or of the abandonment of the voyage, shall not be admitted as general average.

Regel 11. — Heuer und Kost der Schiffsbesatzung im Nothafen usw. — Wenn ein Schiff unter den in Regel 10 erwähnten Umständen, bezw. zum Zweck der dort erwähnten Reparaturen in einen Hafen eingelaufen, bezw. einen Platz angelaufen ist, oder dort aufgehalten worden ist, so sollen die dem Schiffer, den Schiffsoffizieren und der Schiffsmannschaft für die Zeit des Extraaufenthalts in solchem Hafen, bezw. an solchem Platz bis zu dem Zeitpunkt, wo das Schiff zur Fortsetzung seiner Reise in den Stand gesetzt worden ist oder hätte in den Stand gesetzt werden sollen, gebührende Heuer sowie die Kosten ihres Unterhaltes für dieselbe Zeit als große Haverei vergütet werden. Wenn jedoch das Schiff kondemniert wird oder seine ursprüngliche Reise nicht fortsetzt, so sollen die Heuer und die Kosten des Unterhalts des Schiffers, der Schiffsoffiziere und der Schiffsmannschaft, welche erst nach dem Tage der Kondemnation des Schiffes oder des Aufgebens der Reise entstanden sind, nicht als große Haverei vergütet werden.

Rule 12.[8]) — Damage to cargo in discharging etc. — Damage done to or loss of cargo necessarily caused in the act of discharging, storing, reloading, and stowing, shall be made good as general average, when and only when the cost of those measures respectively is admitted as general average.

Regel 12. — Schaden an der Ladung beim Löschen usw. — Schaden oder Verlust an der Ladung, welche während der Entlöschung, Auflagerung, Wiedereinladung oder Verstauung entstehen und eine unvermeidliche Folge dieser Manipulationen sind, sollen dann, aber auch nur dann als große Haverei vergütet werden, wenn die Kosten jener betreffenden Maßregeln als große Haverei vergütet werden.

Rule 13.[9]) — Deductions from cost of repairs. — In adjusting claims for general average, repairs to be allowed in general average shall be subject to the following deductions in respect of „new for old", viz. —

In the case of iron or steel ships, from date of original register to the date of accident, —

Up to 1 year old (A).	All repairs to be allowed in full, except painting or coating of bottom, from which one-third is to be deducted.
Beetwen 1 and 3 years (B).	One-third to be deducted off repairs to and renewal of Woodwork of Hull, Masts and Spars, Furniture, Upholstery, Crockery, Metal and Glassware, also Sails, Rigging, Ropes, Sheets and Hawsers (other than wire and chain), Awnings, Covers and Painting. One-sixth to be deducted off Wire Rigging, Wire Ropes and Wire Hawsers, Chain Cables and Chains, Donkey Engines, Steam Winches and connexions, Steam Cranes and connexions; other repairs in full.
Between 3 and 6 years (C).	Deductions as above under Clause B, except that one-sixth be deducted off Ironwork of Masts and Spars, and Machinery (inclusive of boilers and their mountings).
Between 6 and 10 years (D).	Deductions as above under Clause C, except that one-third be deducted off Ironwork of Masts and Spars, repairs to and renewal of all Machinery (inclusive of boilers and their mountings), and all Hawsers, Ropes, Sheets, and Rigging.
Between 10 and 15 years (E).	One-third to be deducted of all repairs and renewals, except Ironwork of Hull and Cementing and Chain Cables, from which one-sixth to be deducted. Anchors to be allowed in full.
Over 15 years (F).	One-third to be deducted off all repairs and renewals. Anchors to be allowed in full. One-sixth to be deducted off Chain Cables.

Generally (G). The deductions (except as to Provisions and Stores, Machinery, and Boilers) to be regulated by the age of the ship, and not the age of the particular part of her to which they apply. No painting bottom to be allowed if the bottom has not been painted within six months previous to the date of accident. No deduction to be made in respect of old material which is repaired without being replaced by new, and Provisions and Stores which have not been in use.

In the case of wooden or composite ships:

When a ship is under one year old from date of original register, at the time of accident, no deduction new for old shall be made. After that period a deduction of one-third shall be made, with the following exceptions:

Anchors shall be allowed in full. Chain cables shall be subject to a deduction of one-sixth only.

No deduction shall be made in respect of provisions and stores which had not been in use.

Metal sheathing shall be dealt with, by allowing in full the cost of a weight equal to the gross weight of metal sheathing stripped off, minus the proceeds of the old metal. Nails, felt, and labour metalling are subject to a deduction of one-third.

In the case of Ships generally:

In the case of all ships, the expense of straightening bent iron-work, including labour of taking out and replacing it, shall be allowed in full.

Graving dock dues, including expenses of removals, cartages, use of shears, stages, and graving dock materials, shall be allowed in full.

Regel 13. — Abzüge von Reparaturkosten. — Bei der Aufmachung der großen Haverei werden von den zu vergütenden Reparaturkosten folgende Abzüge wegen des Unterschiedes zwischen alt und neu gemacht, nämlich:

Bei Eisen- oder Stahl-Schiffen: gerechnet vom Tage der ersten Registrierung bis zum Tage des Unfalls:

bis zu 1 Jahr alt (A). Alle Reparaturkosten sind voll zu vergüten, mit Ausnahme derjenigen für Malen oder für Anstrich des Schiffsbodens, von welchen ein Drittel abzuziehen ist.

zwischen 1 u. 3 Jahren (B).	Ein Drittel ist abzuziehen von den Reparatur- und Erneuerungskosten am Holzwerk des Schiffskörpers, der Masten und Rundhölzer, an Mobiliar, Tapezierwerk, Geschirr, Metall- und Glaswaren, ferner an Segeln, Tauwerk, Seilen, Schoten und Trossen (ausgenommen solche von Draht und Ketten), Sonnensegeln, Schutzdecken und an Malerwerk. Ein Sechstel ist abzuziehen von Drahttauwerk, Drahtseilen und Drahttrossen, Ankerketten und anderen Ketten, Donkey-Maschinen, Dampfwinden und deren Verbindungen, sowie Dampfkrähnen und deren Verbindungen; andere Reparaturen sind voll zu vergüten.
zwischen 3 u. 6 Jahren (C).	Abzüge wie oben unter B, ausgenommen, daß ein Sechstel abzuziehen ist vom Eisenwerk der Masten und Rundhölzer und von Maschinen (einschließlich der Kessel und deren Montierung).
zwischen 6 u. 10 Jahren (D).	Abzüge wie oben unter C, ausgenommen, daß ein Drittel abzuziehen ist vom Eisenwerk der Masten und Rundhölzer, von den Reparatur- und Erneuerungskosten an allen Maschinen (einschließlich der Kessel und deren Montierung) und an allen Trossen, Seilen, Schoten und Tauwerk.
zwischen 10 u. 15 Jahren (E).	Ein Drittel ist abzuziehen von allen Reparatur- und Erneuerungskosten, mit Ausnahme des Eisenwerks des Schiffskörpers, der Zementierung und der Ankerketten, von welchen ein Sechstel abzuziehen ist. Anker sind voll zu vergüten.
über 15 Jahre (F).	Ein Drittel ist abzuziehen von allen Reparatur- und Erneuerungskosten. Anker sind voll zu vergüten. Ein Sechstel ist abzuziehen von Ankerketten.
im allmeinen (G).	Die Abzüge (ausgenommen bei Proviant, Ausrüstungsgegenständen, Maschinen und Kesseln) richten sich nach dem Alter des Schiffes und nicht nach dem Alter desjenigen besonderen Teils desselben, auf welchen die Abzüge Anwendung finden. Für Malen des Bodens ist nichts zu vergüten, wenn der Boden nicht innerhalb der letzten 6 Monate vor dem Tage des Unfalls gemalt worden ist. Von altem Material, welches repariert wird, ohne durch neues ersetzt zu werden, und von Proviant und Ausrüstungsgegenständen, welche nicht im Gebrauch gewesen sind, findet kein Abzug statt.

Bei Holz- oder Composite-Schiffen:

Wenn ein Schiff zur Zeit des Unfalls, gerechnet vom Tage der ersten Registrierung, unter einem Jahr alt ist, so findet ein Abzug wegen des Unterschiedes zwischen alt und neu nicht statt. Nach diesem Zeitraum ist ein Abzug von einem Drittel zu machen mit den folgenden Ausnahmen:

Anker sind voll zu vergüten. Ankerketten sind einem Abzug von nur einem Sechstel unterworfen.

Von Proviant- und Ausrüstungsgegenständen, welche nicht im Gebrauch gewesen sind, ist ein Abzug nicht zu machen.

Metallbeschlag ist so zu berechnen, daß die Kosten eines gleichen Gewichts wie das Bruttogewicht des abgenommenen Beschlags zum Vollen vergütet werden, abzüglich des Erträgnisses des alten Metalls. Nägel, Filz und Arbeitslohn für die Erneuerung der Metallhaut sind einem Abzug von einem Drittel unterworfen.

Allgemeine Bestimmung für alle Schiffe:

Bei allen Schiffen sind die Kosten des Richtens verbogenen Eisenwerks einschließlich des Arbeitslohnes für Herausnehmen und Wiedereinsetzen zum Vollen zu vergüten.

Dockkosten, einschließlich derjenigen für Verholen, Fuhrlöhne, Benutzung von Hebeböcken, Stellingen und Dockgerätschaften, sind voll zu vergüten.

Rule 14. — Temporary repairs. — No deductions „new for old“ shall be made from the cost of temporary repairs of damage allowable as general average.

Regel 14. — Vorläufige Reparaturen. — Kein Abzug wegen des Unterschiedes zwischen alt und neu ist zu machen von den Kosten der vorläufigen Wiederherstellung von, als große Haverei zu vergütenden Schäden.

Rule 15.[10]) — Loss of freight. — Loss of freight arising from damage to or loss of cargo shall be made good as general average, either when caused by a general average act, or when the damage to or loss of cargo is so made good.

Regel 15. — Frachtverlust. — Frachtverlust, welcher durch Schaden oder Verlust an der Ladung entstanden ist, soll als große Haverei vergütet werden, wenn derselbe entweder durch einen Akt der großen Haverei verursacht worden ist, oder der Schaden bezw. der Verlust an der Ladung selbst als große Haverei zu vergüten ist.

Rule 16.[11]) — Amount to be made good for cargo lost or damaged by sacrifice. — The amount to be made good as general average for damage or loss of goods sacrificed shall be the loss which the owner of the goods has sustained thereby, based on the market values at the date of the arrival of the vessel or at the termination of the adventure.

Regel 16. — Betrag der Vergütung für Verlust oder Beschädigung an geopferter Ladung. — Der als große Haverei für Beschädigung oder Verlust an geopferten Gütern zu vergütende Betrag soll derjenige des Verlustes sein, welchen der Eigentümer der Güter dadurch erlitten hat, berechnet auf Grundlage des Marktwertes am Tage der Ankunft des Schiffes oder am Tage der Endschaft der Unternehmung.

Rule 17.[12]) — Contributory values. — The contribution to a general average shall be made upon the actual values of the property at the termination of the adventure, to which shall be added the amount made good as general average for property sacrificed; deduction being made from the shipowner's freight and passage-money at risk, of such port charges and crew's wages as would not have been incurred had the ship and cargo been totally lost at the date of the general average act or sacrifice, and have not been allowed as general average; deduction being also made from the value of the property of all charges incurred in respect thereof subsequently to the general average act, except such charges as are allowed in general average. Passenger's luggage and personal effects, not shipped under bill of lading, shall not contribute to general average.

Regel 17. — Beitragspflichtige Werte. — Der Beitrag zur großen Haverei soll von dem wirklichen Werte der beitragspflichtigen Gegenstände am Ende des Unternehmens, zuzüglich des als große Haverei für geopferte Gegenstände vergüteten Betrags geleistet werden, wobei jedoch von den der Seegefahr ausgesetzt gewesenen Fracht- bezw. Überfahrtsgeldern des Reeders diejenigen Hafenkosten und Heuergelder abzuziehen sind, deren Aufwendung nicht erfolgt sein würde, wenn Schiff und Ladung zur Zeit des Havereifalles verloren gegangen wären und welche auch nicht als große Haverei vergütet worden sind; ferner kommen von dem Werte der beitragspflichtigen Gegenstände all diejenigen Kosten in Abzug, welche auf dieselben nach dem Havereifalle verwendet worden sind, mit Ausnahme solcher Kosten, welche als große

Haverei vergütet wurden. Reisegepäck und persönliche Effekten von Reisenden, über welche ein Connossement nicht ausgestellt ist, sollen nicht zur großen Haverei beitragen.

Rule 18.[13]) — Adjustment. — Except as provided in the foregoing rules, the adjustment shall be drawn up in accordance with the law and practice that would have governed the adjustment, had the contract of affreightment not contained a clause to pay general average according to these Rules.

Regel 18. — Dispachierung. — Soweit die vorstehenden Regeln keine Bestimmung treffen, ist die Dispache in Übereinstimmung mit denjenigen Rechten und Gewohnheiten aufzumachen, welche für die Dispachierung maßgebend sein würden, wenn der Frachtvertrag die Klausel, nach welcher große Haverei in Übereinstimmung mit diesen Regeln zu bezahlen ist, nicht enthielte.

Anmerkungen

zu den

einzelnen Regeln der York-Antwerp Rules 1890.

Anmerkung 1. Regel 1 ist unverändert aus den York-Antwerp Rules 1877 übernommen. Es war von dem „Liverpool Special Committee appointed to consider the subject of the proposed revision of the York-Antwerp Rules“ folgende Fassung in Vorschlag gebracht und zur Diskussion gestellt worden:

„Jettison of deck cargo. A jettison of wood, tar and resin, or any of them, carried on deck in accordance with a general custom of the trade, when not in violation of the contract of affreightment, shall be made good as general average, if the jettison be made for the common safety. — Jettison of cargo carried on deck, other than the above shall not be made good as general average. — Every structure not built in with the frame of a ship shall be considered to be a part of the deck of the ship.

Jettison of ship's materials carried on deck. No allowance shall be made in general average for jettison of water casks or tanks carried on deck, nor for warps or other articles when improperly carried on deck.“

Sowohl von deutscher als von dänischer und belgischer Seite wurde diesen neuen Vorschlägen widersprochen. Deutscherseits wurde geltend gemacht, daß es nicht klug sein würde, mit einem seiner Zeit in Antwerpen einstimmig als richtig anerkannten Prinzip zu Gunsten einiger Handelszweige zu brechen, welche, wenn auch die Verladung auf Deck zu einer allgemeinen Usanz bei denselben geworden sei, doch im Vergleich mit dem Gesamthandel der Welt nur eine untergeordnete Rolle spielten. Eine derartige Ausnahme würde die Aufrechterhaltung eines als richtig allgemein anerkannten Prinzips erschweren. Von dänischer Seite wurde bemerkt, daß schon jetzt die Dampfschiffe oft bis zur halben Höhe des Schornsteins mit Deckladung belastet würden, daß man, wenn das Amendement angenommen werden sollte, mit der Zeit genötigt sein würde, die Berechtigung, Decksladung überhaupt zu führen, einzuschränken. Auch von englischer Seite wurde letzteren Erwägungen aus Gründen der Humanität, welche alles zu tun geböte, um die Führung von ungebührlichen Deckladungen zu entmutigen, beigestimmt, und nachdem einer der hervorragendsten Reeder Liverpools, Mr. Donald Kennedy, Delegierter der Shipowner's Association, die Erklärung abgegeben hatte, daß er als Reeder so geringen Wert auf das Amendement lege, daß er dasselbe gern einem Entgegenkommen gegen die Ansichten der ausländischen Freunde opfern würde, wurde dasselbe von den Herren Antragstellern zurückgezogen. Diese Zurücknahme umfaßte auch den Schlußsatz betreffs Vergütung für Wasserfässer oder Tanks und Schiffsutensilien, welcher bezüglich der Tanks als nicht in allen Fällen mit kontinentalem Gebrauch übereinstimmend, im übrigen aber als in allen Ländern gleichmäßig anerkannt erachtet und daher für überflüssig gehalten wurde. Auch nach deutschen Gewohnheiten wird nur dasjenige von der Vergütung ausgeschlossen, was ungehöriger Weise auf Deck geführt wurde, alles Schiffszubehör, einschließlich Wasserfässer oder Tanks, wenn der Einrichtung des Schiffes entsprechend, auf dem Deck geführt, aber vergütet.

Anmerkung 2. Regel 2 lautete bisher:

„Damage by jettison. Damage done to goods or merchandise by water which unavoidably goes down a ship's hatches opened, or other opening made, for the purpose of making a jettison, shall be made good as general average, in case the loss by jettison is so made good. — Damage done by breakage and chafing, or otherwise from derangement of stowage consequent upon a jettison, shall be made good as general average, in case the loss by jettison is so made good."

Die neue Fassung ist einstimmig so angenommen worden, wie sie vom Liverpool Special Committee vorgeschlagen worden war.

Letzteres machte gegen die bisherige Fassung mit Recht geltend, daß dieselbe nur zwei Ursachen der Beschädigung

> „durch Wasser, welches durch die behufs eines Seewurfs geöffneten Luken oder durch andere zu demselben Zweck gemachte Öffnungen unvermeidlich in den Raum dringe — und durch Bruch und dergl."

vorsehe und überdies nur von Beschädigung der Ladung spreche, während doch auch das Schiff durch derartige zur gemeinsamen Sicherheit vorgenommene Handlungen Schaden leiden könne. Die allgemeinere Fassung des Verbesserungs-Vorschlages treffe richtiger den ganzen Schadensgrund bei der Wurzel. Von kontinentaler Seite und im Vergleich mit dem Inhalt der kontinentalen Gesetze konnte diesen Erwägungen gern beigestimmt werden.

Anmerkung 3. Regel 3 lautete bisher:

Extinguishing fire on shipboard. —

„Damage done to a ship and cargo, or either of them, by water or otherwise, in extinguishing a fire on board the ship shall be general average; except that no compensation be made for damage done by water to packages which have been on fire.“ — Auch bei dieser Regel wurde von den Antragstellern hervorgehoben, daß dieselbe in der bisherigen Fassung eine zu beschränkte Auslegung erfahren habe oder erfahren könne, und daß namentlich der Fall der Beschädigung des brennenden Schiffes durch Aufgrundsetzung oder Anbohrung desselben nicht klar vorgesehen erscheine. Auch hinsichtlich Bulk-Ladungen seien Zweifel aufgekommen, da die bisherige Regel nur von einzelnen Colli spreche, und zwar in einem Falle, wo es sich um die Beschädigung des im Hinterraum verladenen Teiles der Ladung gehandelt habe, während nur der im Vorderraum verstaute Teil der Ladung vom Feuer selbst erfaßt gewesen wäre. Von kontinentalen Anschauungen aus war keine Veranlassung, der vorgeschlagenen Änderung zu widersprechen. Nur die Schlußworte: „as were actually on fire at that time“ wurden von deutscher Seite beanstandet, da aus denselben namentlich bei dem nicht so seltenen Vorkommnis des wiederholten Ausbruchs eines inzwischen schon einmal gelöschten Feuers Zweifel entstehen möchten über die Bedeutung der Worte: „at that time.“ Es wurde der allgemeine Ausschluß solcher Landungsteile, die, gleichviel zu welcher Zeit, einmal vom Feuer erfaßt gewesen waren, für praktischer gehalten. Ein dahin lautendes Amendement fand keinen Widerspruch.

Anmerkung 4. Regel 5 lautete bisher:

Voluntary stranding. —

„When a ship is intentionally run on shore because she is sinking or driving on shore or rocks, no damage caused to the ship, the cargo and the freight, or any or either of them, by such intentional running on shore, shall be made good as general average.“

Die Antragsteller machten geltend, daß die bisherige Regel nur den Fall in's Auge fasse, daß ein an sich schon rettungslos verlorenes Schiff schließlich auf den Strand gesetzt und dadurch gerettet werde. Dieselbe treffe aber nicht diejenigen Fälle, wo ein an sich noch see- und manövrierfähiges Schiff, z. B. um einer Kollision, oder der feindlichen Nehmung zu entgehen oder um ein ausgebrochenes Feuer zu löschen, auf den Strand gesetzt werde. Im Prinzip, müsse die freiwillige Strandung gewiß als ein Akt der großen Haverei betrachtet werden, und es geschehe dies auch von fast allen leitenden Handelsnationen. Von anderen Seiten wurde hervorgehoben, daß, wenn das englische und belgische Recht diese Frage im Ungewissen lasse, um so mehr Veranlassung vorläge, für alle Nationen klares Recht durch die Annahme der neuen Regel zu schaffen. Es mag hierbei eingeschaltet werden, daß auch das Deutsche Handelsgesetzbuch (Artikel 708) die freiwillige Strandung, „jedoch nur, wenn die Abwendung des Unterganges oder der Nehmung damit bezweckt war", als große Haverei erklärt; daß also die neue Fassung der Regel V eher eine Annäherung an die deutsche Rechtsauffassung bedeutet. Dieser Tatsache wurde von deutscher Seite Ausdruck gegeben und schließlich die Regel dementsprechend einstimmig angenommen. Es wird nicht geleugnet werden können, daß einzelne Fälle vorkommen können, wo es schwer sein wird, die richtige Entscheidung zu treffen; für die überwiegende Mehrzahl von Fällen gibt der Wortlaut der Regel aber eine leicht zu befolgende Richtschnur.

Anmerkung 5. Regel 6 lautete bisher:

„Carrying press of sail. — Damage occasioned to a ship or cargo by carrying a press of sail shall not be made good as general average."

Von den Antragstellern wurde die bisherige Regel als korrekt im Prinzip anerkannt; dieselbe habe sich auch in der Praxis bewährt, trage aber Ausnahmefällen keine Rechnung. Ein gestrandetes Schiff könne z. B. durch forcierten Gebrauch der Segel wieder abgebracht werden, desgleichen könnten Segel und Spieren in gleicher Weise geopfert werden, um ein Schiff „for the common safety" höher auf den Strand hinauf zu treiben. Gegen letzteren Passus wurde mit Recht von deutscher Seite opponiert, da derselbe im Prinzip in Widerspruch mit den Bestimmungen über die freiwillige Strandung (Regel V) geraten würde und auch hierbei im einzelnen Falle stets schwer zu unterscheiden sein dürfte, welcher Schaden schon bei der ersten Strandung entstanden und welcher Teil desselben erst dem späteren Höherhinauftreiben zuzuschreiben sei. Die Regel fand bei der Abstimmung dennoch unveränderte Annahme mit erheblicher Mehrheit, also einschließlich der Worte „or by driving her higher up the ground for the common safety."

Anmerkung 6. Die Regeln 7, 8 und 9 sind neu und haben sich im Laufe der seit der Einführung der York-Antwerp Rules verflossenen Zeit als Bedürfnis herausgestellt. Sie fanden in ihrer klaren Fassung und ihrem materiell korrekten Inhalt und weil sie mit den kontinentalen Rechtsbestimmungen und Gewohnheiten überall übereinzustimmen schienen, einstimmige Annahme.

Anmerkung 7. Der Regel 10 liegen die Regeln 7 und 8 der York-Antwerp Rules 1877 zu Grunde. Danach lautete Regel 7 bisher:

„Port of refuge expenses. — When a ship shall have entered a port of refuge under such circumstances that the expenses of entering the port are admissable as general average, and when she shall have sailed thence with her original cargo or a part of it, the corresponding expenses of leaving such port shall likewise be admitted as general average; and whenever the cost of discharging cargo at such port is admissable as general average, the cost of reloading and stowing such cargo on board the said ship, together with all storage charges on such cargo, shall likewise be so admitted."

Seitens des „Liverpool Special Committee" wurde für diese Regel folgende Fassung in Vorschlag gebracht:

„Expenses at port of refuge etc.

(*a*) When a ship shall have entered a port or place of refuge, or shall have returned to her port or place of loading, either as a general average act, or to repair damage caused by accident or sacrifice, the expenses (if any) of entering such port or place shall be admitted as general average; and when she shall have sailed thence with her original cargo or a part of it, or, if in ballast under her original charter, the corresponding expenses of leaving such port or place, consequent upon such entry or return, shall likewise be admitted as general average.

(*b*) The cost of discharging cargo from a ship, whether at port or place of loading, call or refuge, either for the common safety of ship and cargo, or to repair damage caused by accident or sacrifice, shall be admitted as general average, and the cost of storage and reloading and stowing such cargo on board the said ship shall likewise be so admitted; but when the ship is condemned, or does not proceed on her original voyage, no storage expenses incurred after the date of the ship's condemnation, or of the abandonment of the voyage, shall be admitted as general average."

Regel 8 lautete bisher:

„Wages and maintenance of crew in port of refuge. — When a ship shall have entered a port of refuge under the circumstances defined in Rule VII, the wages and cost of maintenance of the master and mariners, from the time of entering such port until the ship shall have been made ready to proceed upon her voyage, shall be made good as general average."

Statt dessen wurde folgende Fassung in Vorschlag gebracht:

„Wages and maintenance of crew in port of refuge etc. — When a ship shall have been detained either in a port or place of refuge, or in a port or place of loading after having loaded her cargo or any part thereof, or, if in ballast under charter, or in a port or place of call with cargo on board, or under charter for the purposes mentioned in Rule VII, or to repair damage caused by accident or sacrifice, the wages payable to the master, officers and crew, together with the cost of maintenance of the same, during the extra period of detention in such port or place under average until the ship shall have been made ready to proceed upon her voyage, shall be admitted as general average; and when the ship is condemned or does not proceed on her original voyage, the wages and maintenance of the master, officers and crew incurred after the date of the ship's condemnation, or of the abandonment of the voyage, shall not be admitted as general average."

Diese beiden mit einander in enger Verbindung stehenden Regeln gaben in Liverpool 1890 ebenso wie in Antwerpen 1877 Veranlassung zu längeren Debatten, weil sie den wesentlichen Unterschied zwischen der Anwendung des common benefit-Princips und des common safety-Princips zum Ausdruck bringen.

Die bedingungsweise Form der Eingangsworte ließ es immerhin unentschieden, wann denn die Umstände vorlägen, welche das Einlaufen in einen Nothafen als einen Akt der großen Haverei erscheinen lassen würden. Die Antragsteller der neuen Regeln bezweckten daher eine Definition der Umstände, unter welchen das Einlaufen des Schiffes in einen Nothafen und das Löschen der Ladung daselbst als Akt der großen Haverei zu betrachten sein solle. Mr. Carver-Liverpool hob gegen die vorgeschlagene Wortfassung jedoch mit Recht hervor, daß nicht jedes Einlaufen in einen Nothafen, um Schaden zu reparieren, sich als Havarie grosse-Akt charakterisieren lasse, wenn nicht außerdem die Erreichung gemeinsamer Sicherheit damit bezweckt gewesen sei. Es würde nicht politisch sein, dem Schiffer auf solche Weise das Recht zu geben, auf Kosten der Ladung von seinem Wege abzuweichen. Von deutscher und dänischer Seite wurde gegen die Worte: „if in ballast under her original charter" in Regel 7 und „if in ballast under charter" in Regel 8 Einwand erhoben, da nach kontinentalen Gesetzen und Rechtsgewohnheiten bei Schiffen in Ballast überall von großer Haverei nicht die Rede sein könne. Wenn im Unterschied hiermit, in England eine Havarie grosse-Verteilung üblich sei, so gäbe man anheim, solches durch Vereinbarungen im Frachtvertrage von Fall zu Fall zu regeln, aber in einem internationalen Havarie grosse-Gesetze, wie dem zur Beratung stehenden, darauf zu verzichten. Diesem Wunsche wurde von den Antragstellern in entgegenkommendster Weise durch Zurückziehung der bezüglichen Worte entsprochen.

Im übrigen klang aus allen Äußerungen über diese wichtigen Regeln so sehr das Bestreben hervor, zu einer präzisen und für alle Beteiligten annehmbaren Wortfassung zu gelangen, daß der glückliche Vorschlag des Herrn Dr. Predöhl-Hamburg, nachdem über die Sache selbst allgemeines Einverständnis zu herrschen scheine, über den Wortlaut in einer kleineren Kommission weiter zu beraten, mit lebhaftem Beifall aufgenommen wurde. Zur Teilnahme an dieser Kommission wurden bezeichnet die Herren Carver (Liverpool) und Elmslie (London), van Eeten (Antwerpen), Middelboe (Kopenhagen), Dr. Predöhl, Laeisz und Ahlers (Hamburg); außerdem widmete Präsident Sieveking den Arbeiten derselben seine wertvolle Mitwirkung. Die Kommission erzielte einen vollkommenen Erfolg, indem die jetzigen (siehe Seite 9) sub Rule 10, a, b, c aufgeführten, vortrefflich abgefaßten, und im wesentlichen inhaltlich den Rechtsbestimmungen der meisten kontinentalen Staaten entsprechenden Regeln in der folgenden Sitzung der Assoziation zur einstimmigen Annahme gelangten.

Auch der sub Rule 10d vorgedruckte, von den Herren Mc Arthur & Danson beantragte, die bisher nicht berührte Frage der „substituted expenses" lösende Zusatz, konnte um so mehr widerspruchslos angenommen werden, als derselbe auch mit der praktischen Handhabung ähnlicher Fälle in Deutschland durchaus übereinstimmte.

Anmerkung 8. Regel 12 (Regel 9 der York-Antwerp Rules 1877) lautete bisher:

„Damage to cargo in discharging etc. — Damage done to cargo by discharging it at a port of refuge shall not be admissible as general average in case such cargo shall have been discharged at the place and in the manner customary at that port with ships not in distress."

Von dem Liverpool Special Committee war folgende Fassung in Vorschlag gebracht worden:

„Damage done to, or loss of cargo by discharging, storage, reloading and stowing, shall be made good as general average, when and only when the cost of those measures respectively is admitted as general average."

Die Regel in ihrer ursprünglichen Fassung hatte auch in Deutschland zu manchen Streitigkeiten Veranlassung gegeben, da Ladungen im Nothafen, selbst wenn an denselben Orten und auf die auch bei nicht in Seenot befindlichen Schiffen gebräuchliche Weise entlöscht, doch Verlusten und Beschädigungen ausgesetzt sind, welche gerechter Weise als direkte und notwendige Folge des Löschens, als großen Haverei-Akts, angesehen werden müssen. Die von den Antragstellern in diesem Sinne beantragte Änderung wurde daher sympathisch aufgenommen. Von deutscher Seite wurde jedoch der Befürchtung Ausdruck gegeben, daß die Eingangsworte der neuen Regel

„Damage“ bis „stowing“ eine zu weite Ausdehnung auf solche Schäden zulassen möchten, welche mit dem Akte der Entlöschung, Lagerung usw. nicht in direkter notwendiger Verbindung stehen. Herr Elmslie, dieser Erwägung Rechnung tragend, änderte den Eingang wie folgt:

„Damage done to or loss of cargo necessarily caused in the act of discharging“,

mit welcher Änderung die Regel einstimmige Annahme fand.

Da die Regel, auch in ihrem jetzigen Wortlaut, in der praktischen Anwendung noch zu mehrfachen Zweifeln Veranlassung gegeben hat, so wird es von Interesse sein, auf die Entstehung derselben hier etwas näher einzugehen.

Die obige von dem Liverpool Special Committee beantragte Fassung wurde als sowohl mit dem englischen gemeinen Recht wie mit der Praxis der englischen Dispacheurs im Einklang stehend, dargestellt. Es handele sich nur darum, insofern eine Grenze zu ziehen, daß Vergütung für Beschädigung nur dann zu beanspruchen sein solle, wenn die Entlöschung selbst als ein Akt der großen Haverei zu behandeln sei. Das Wort „storage“ habe noch zu Zweifeln Veranlassung gegeben, solle aber in diesem Zusammenhang nur auf denjenigen Schaden Bezug haben, welcher eine notwendige Folge der Lagerung sei. Es wurde anheimgegeben, das Wort „storage“ durch das Wort „storing“ zu ersetzen.

Von kontinentaler Seite wurde die Regel als nicht klar genug und auch als zu weit gehend angesehen und folgende Fassung vorgeschlagen:

„Damage done to or loss of cargo, whether it be caused entirely and necessarily by the handling of cargo in unloading, storing and reloading, shall be made good as general average when, and only when the cost of these measures respectively is admitted as general average.“

Obgleich der Notwendigkeit einer Einschränkung in diesem Sinne von allen Seiten zugestimmt wurde, so fürchtete man doch, in dieser Richtung wieder zu weit zu gehen, wenn man nur denjenigen Schaden als vergütungsberechtigt zulassen wolle, der durch den Akt (act or handling) der Entlöschung, Lagerung und Wiederverladung entstehe. Wenn z. B. Baumwolle, in Ermangelung von Baumwollen-Pressen, in einem Nothafen, wegen der Unmöglichkeit dort dieselbe Ballenzahl wieder in das Schiff hinein zu bekommen, zurückgelassen und mit Schaden für Ware und Fracht verkauft werden müsse, so sei das unzweifelhaft eine unvermeidliche Folge der Entlöschung, die aber durch die proponierte Änderung nicht getroffen werde.

Darüber herrschte jedoch Einverständnis, daß nicht jeder Schaden, den die Ware in Folge der Entlöschung, Lagerung und Wiederverladung im Nothafen erleide, zur Vergütung berechtige, z. B. wenn ein Feuer die Ware zerstöre oder wenn in Folge klimatischer Verhältnisse des Nothafens und der natürlichen Beschaffenheit der Ware Schaden an derselben entstehe. Solche Schäden würden nicht als durch die Entlöschung, Auflagerung und Wiederverladung notwendig verursacht angesehen werden können.

Demgemäß einigte man sich für den endgültig angenommenen Text der Regel über folgende Fassung:

„Damage done to or loss of cargo necessarily caused in the act of discharging, storing, reloading and stowing etc. etc.“ und wollte meines Erachtens alle diejenigen Schäden mit umfassen, welche z. B. in Ermangelung besserer Einrichtungen und Lagergelegenheiten, sei es durch forcierte Entlöschung, sei es durch Entlöschung in schlechte Leichterfahrzeuge, sei es durch Auflagerung auf einem offenen Quai oder in nicht regen- und wettergeschützten Lagerhäusern, notwendiger Weise entstehen müssen und daher auch als eine notwendige Folge der Entlöschungsweise oder der Art der Lagerung behandelt werden müssen.

Wenn dagegen z. B. eine Ware während der Lagerung durch Blitzschlag zerstört oder durch eine Feuersbrunst vernichtet wird, oder in Folge ihrer natürlichen Beschaffenheit durch Ungeziefer, oder inneren Verderb zu Grunde geht, oder Schaden erleidet, so sind das gelegentliche Ereignisse, von denen die Ware, wenn sie nicht an dem betreffenden Orte gelagert worden wäre, allerdings vielleicht oder aller Wahrscheinlichkeit nach nicht betroffen worden wäre, die aber die Ware auch wenn sie an Bord des Schiffes geblieben wäre oder auf irgend einem anderen Stadium der Seereise hätten treffen können. Ein solcher Schaden ist daher keine notwendige Folge des Haverei-Aktes (Einlaufen in einen Nothafen, Löschen, Lagern und Wiederverladen), gehört also auch nicht zur großen Haverei.

In diesem Sinne scheinen auch die in der Praxis vorgekommenen Zweifelsfragen ihre Lösung gefunden zu haben. In einem Falle handelte es sich um in gefrorenem Zustande verladene junge Hühner, welche durch die höhere Temperatur während des Lagerns im Nothafen in Verderb gerieten. Es wurde versucht, den Schaden in großer Haverei zu reklamieren, die englischen Dispacheurs wiesen den Anspruch aber endgültig ab.

Die Regel XII wird nach wie vor eine sorgfältige Prüfung der tatsächlichen Umstände eines jeden einzelnen Falles erheischen und den Dispacheurs manche Schwierigkeiten bereiten, unberechtigten Ansprüchen mit Erfolg entgegenzutreten.

An solchen Schwierigkeiten mangelt es aber auch nicht bei der Auslegung mancher Paragraphen des kodifizierten Rechts, die in knapper, klarer

Sprache wohl ein Prinzip niederlegen können, aber nicht jeden einzelnen Fall, der vorkommen kann, im Vorwege zu entscheiden vermögen.

Anmerkung 9. Die Skala für Abzüge von Reparaturkosten, wie sie Regel 13 vorschreibt, beruht auf einem Übereinkommen englischer Gegenseitigkeits-Versicherungsgesellschaften (clubs) für Kaskos, mit Ausnahme der Kessel, für welche hier ein Abzug erst nach drei Jahren vorgeschlagen wird, anstatt schon nach einem Jahre bei den Klubs, welche Abweichung jedoch allseitige Billigung fand.

Im übrigen gab diese Regel zu lebhaften Erörterungen Veranlassung, indem von dänischer Seite es für praktischer gehalten wurde, die Bestimmungen über die Abzüge von den Reparaturkosten der besonderen Gesetzgebung der einzelnen Staaten zu überlassen. Wenn die York-Antwerp Rules aber dennoch sich mit dem Gegenstande befassen sollten, dann solle man anstatt so in's einzelne gehender Bestimmungen, welche sehr geeignet seien, die Versicherungs-Bedingungen für eiserne Schiffe in den einzelnen Staaten in unberechtigter Weise zu beeinflussen, lieber eine kurze Regel annehmen, nach welcher sich die Abzüge allemal nach den in den Versicherungs-Bedingungen des Schiffes enthaltenen zu richten hätten. Von englischer Seite wurde dringend gegen eine Vermischung der Bedingungen der großen Haverei mit denjenigen der Versicherungs-Kontrakte gesprochen, und auch von deutscher Seite wurde in Übereinstimmung mit den englischen Antragstellern das Bedürfnis anerkannt, die Frage für die große Haverei durch allgemeine und feste Bestimmungen zu lösen. Wenn auch vielleicht in England, so lange eine neue gerichtliche Entscheidung nicht beantragt wird, von den alten Entscheidungen mit stillschweigendem Einverständnis der Parteien abgewichen und an die Stelle des veralteten allgemeinen Abzugs von $^1/_3$, ein der Natur der neuen Schiffbaumaterialien, Eisen und Stahl, entsprechenderer Abzug oder gar kein Abzug in Anwendung gebracht werden kann und wird, so hat dies in Deutschland bisher seine großen Bedenken und Schwierigkeiten. Angesichts der noch zur Zeit überwiegenden Holzbaues in unser Handelsgesetzbuch aufgenommenen Vorschriften des Artikels 712 darf nicht ohne ausdrückliche Zustimmung aller Beteiligten von diesen abgewichen werden, obgleich über die Ungerechtigkeit der Anwendung derselben auf eiserne und stählerne Schiffe bei niemandem ein Zweifel bestehen kann. Von deutscher Seite wurde daher den englischen Vorschlägen, welche im großen Ganzen auf gerechter und billiger Grundlage beruhen und mit den deutschen Gewohnheiten nicht in wesentlichem Widerspruch stehen, beigestimmt, mit alleiniger Ausnahme jedoch der Vorschrift für eiserne und stählerne Schiffe nach 10 Jahren (E)., welche darauf hinauslief, daß von dem Eisenwerk des Schiffskörpers und von der Zementierung überall niemals ein Abzug stattfinden würde, so alt das Schiff auch sein möge. Diese Bestimmung wurde für entschieden zu weit gehend erachtet, da doch auch das Eisenmaterial des Schiffskörpers dem zeitlichen Verfall ausgesetzt sei. Es wurde daher von deutscher Seite vorgeschlagen, nachdem die Annehmbarkeit eines solchen Vorschlages von englischer Seite zugestanden worden war, nach Ablauf des 10. Jahres einen Abzug von $^1/_6$, nach Ablauf des 15. Jahres einen solchen von $^1/_3$ eintreten zu lassen. Mit diesem Amendement fand die ganze Regel Annahme gegen die Stimmen der Vertreter Dänemarks.

Anmerkung 10. Regel 15 (Regel 11 der York-Antwerp Rules 1877) lautete bisher:

„Loss of freight. — In every case in which a sacrifice of cargo is made good as general average, the loss of freight (if any) which is caused by such loss of cargo shall likewise be so made good."

Die neue Fassung fand allseitige Zustimmung. Der sachliche Unterschied liegt lediglich in den hinzugefügten Worten: „either when caused by a general average act", welche bezwecken, auch solche Fälle zu treffen, in welchen, abgesehen von Beschädigung und Verlust der Ladung, ein Frachtverlust als Folge eines Aktes der großen Haverei anzusehen ist. Grundsätzlich ist nichts dagegen einzuwenden, obgleich der Zusatz in Deutschland in der Praxis selten in Wirksamkeit treten dürfte. Angesichts des nach englischem Recht nicht bestehenden Anspruches auf Distanz-Fracht ist allerdings z. B. der Fall denkbar, daß ein nach England bestimmtes deutsches Schiff ohne diese Regel in Frachtverlust geraten würde, wenn es in einem Nothafen, in Folge eines Aktes der großen Haverei, Ladung (wenn auch unbeschädigt) zurücklassen muß.

Anmerkung 11. Regel 16 (Regel 12 der York-Antwerp Rules 1877) lautete bisher:

„Amount to be made good for cargo. — The value to be allowed for damage or loss by goods sacrificed, shall be the net value which the owner would have received if such goods had not been sacrificed."

Es handelt sich hierbei im wesentlichen um den Zusatz der Worte: „based on the market values at the date of the arrival of the vessel, or at the termination of the adventure". Derselbe konnte nur als eine Verbesserung, weil Klarstellung, angesehen werden (vergl. auch Artikel 713 bis 716 des Allgem. Deutschen Handelsgesetzbuches), und fand der neue Wortlaut der Regel einstimmige Annahme.

Anmerkung 12. Regel 17 (Regel 10 der York-Antwerp Rules 1877) lautete bisher:

„Contributory values. — The contribution to a general average shall be made upon the actual values of the property at the termination of the adventure, to which shall be added the amount made good as general average for property sacrificed, deduction being made from the shipowner's freight and passage-money at risk of such port charges and crew's wages as would not have been incurred had the ship and cargo been totally lost at the date of the general average act or sacrifice; deduction being also made from the value of the property of all charges incurred in respect thereof subsequently to the arising of the claim to general average."

Die vom Liverpool Special Committee vorgeschlagene Fassung lautete:

„Contributory values. — The contribution to a general average shall be made upon the actual values of the property at the termination of the adventure, to which shall be added the amount made good as general average for property sacrificed; deduction being made from the shipowner's freight and passage-money at risk, of such port charges and crew's wages as would not have been incurred had the ship and cargo been totally lost at the date of the general average act or sacrifice, and have not been allowed as general average; deduction being made from the value of the property of all charges incurred in respect thereof subsequently to the general average act, except such charges as are allowed in general average.

In case of total loss subsequent to the general average act, the contribution towards the general average expenditure shall be made upon the values of the property existing at the time the expenditure was incurred."

Die im ersten Absatz hinzugefügten Worte: „and have not been allowed as general average" und „except such charges as are allowed in general average" fanden, als nur zur Klarstellung dienend, keine Beanstandung. Dagegen wurde der zweite Absatz: „In case of" bis „incurred" von kontinentaler Seite bekämpft und dringend um Zurücknahme dieses Zusatzes gebeten. Wenn derselbe auch, soweit englisches Recht allein in Frage komme, praktisch anwendbar und durchführbar erscheinen möge, so sei dies bei der völlig verschiedenen Regelung der Haftbarkeit des Reeders und Ladungseigentümers nach kontinentalen Rechten doch in allen anderen Staaten unmöglich und würde die internationale Einführbarkeit der Regeln ganz erheblich hindern. Der betreffende Satz wurde infolge dieser Erörterung zurückgezogen.

Ein anderes Bedenken betraf den schon in der bisherigen Regel enthaltenen Schlußsatz des ersten Absatzes „deduction being made" bis „general average". Hiernach sollen alle auf den Gegenstand nach dem Akte der großen Haverei verwandten Kosten vom beitragspflichtigen Werte gekürzt werden.

Es kann dadurch der Fall eintreten, daß die Kosten einer in einem teuren Nothafen ausgeführten Reparatur den am Bestimmungsorte des Schiffes taxierten Wert desselben zum größten Teil erschöpfen, ja vielleicht selbst übersteigen. Schon auf der Antwerpener Konferenz 1877 gab diese Bestimmung Veranlassung zu Widerspruch und zu einem von Bremer Seite gestellten Verbesserungsantrag: nur den noch vorhandenen Wert jener Reparaturen in Abzug zu bringen (vergl. Artikel 719 des Allgem. Deutschen Handelsgesetzbuchs). Aber wie damals, so gelang es auch hier der deutschen Anregung nicht, diese Verhältnisse klar zu stellen, wenngleich der deutschen Begründung auch von einem der mitberatenden englischen Dispacheurs beigepflichtet und die Erklärung abgegeben wurde, daß man es in der Praxis ebenso zu halten pflege. Besonders krasse Fälle dürften in England dadurch ausgeglichen, beziehentlich vermieden werden, daß man gewohnt ist, den Wert des Schiffes am Bestimmungsorte, anstatt auf Grund einer amtlichen Taxe, nach einer unter Berücksichtigung aller Umstände nach Billigkeit stattfindenden privaten Schätzung zu bemessen.

Mr. Gray Hill schlug noch den folgenden Zusatz zu dieser Regel vor: „Passengers' luggage and personal effects, not shipped under a bill of lading, shall not contribute to general average". Derselbe wurde, von deutscher Seite unterstützt (vergl. Art. 725 des Allgem. Deutschen Handelsgesetzbuches), einstimmig angenommen.

Anmerkung 13. Gleichwie die Regeln 7, 8 und 9 ist auch Regel 18 neu und allgemein als Bedürfnis empfunden worden. Dagegen gaben die folgenden, von dem Liverpool Special Committee empfohlenen Regeln zu ernsten Einwendungen Veranlassung.

„Treatment of payments for salvage services. — Payments for salvage services rendered to a stranded or otherwise disabled ship shall be dealt with as general average; except that payment for salvage services assessed by legal process on specific values shall be charged directly to the interests specified."

Diese Regel wurde nach kurzer Besprechung, welche im wesentlichen von der Erwägung handelte, daß die Frage der vertragsmäßigen oder gesetzlichen Verteilung von Bergelohn besser der Regelung außerhalb der Bestimmungen über Havarie grosse überlassen bleibe, um so mehr, als ein Bedürfnis zur internationalen Regelung sich kaum bemerkbar gemacht habe, zurückgezogen.

Das Gleiche geschah mit folgender Regel:

„Sacrifice or expenditure arising from default. — No claim for contribution in general average shall be allowed, in case the danger which necessitated the sacrifice or expenditure arise from the default of the party claiming contribution thereto, or of some person for whose default such party is responsible, unless by the terms of the contract of affreightment the party claiming contribution is relieved from liability for the default", da die Versammlung es mit Recht nicht für opportun erachtete, die Frage des Verschuldens in Havarie grosse-Fällen, betreffs welcher überdies in fast allen Staaten gleichmäßige Rechtsgrundsätze herrschen, zum Gegenstand einer kurzen Regel zu machen.

Von Interesse wird hierbei jedoch die Erwähnung sein, daß im Laufe der Beratung bei dieser Gelegenheit von Herrn Gray Hill-Liverpool auf die Entscheidung des höchsten Gerichtshofes der Vereinigten Staaten in dem bekannten „Montana-"Falle hingewiesen wurde, in welcher, obgleich die Parteien im Frachtvertrage die sogenannte „Nachlässigkeits-Klausel" vorgesehen hatten, diese letztere, als mit dem common law der Vereinigten Staaten nicht übereinstimmend, für null und nichtig erklärt wurde.

Diese merkwürdige, die Vertragsfreiheit der Parteien völlig in Frage stellende Entscheidung hat bekanntlich auch in Deutschland in den beteiligten Reederkreisen großes Aufsehen erregt. Herr Gray Hill betonte dabei die Anomalie, wonach englische und deutsche Reeder in der Lage seien, indem sie den Frachtvertrag unter das Recht ihrer eigenen Flagge stellten, was nach jenem Erkenntnis alsdann als entscheidend anerkannt wurde, die Folgen desselben von sich abzuwehren, während den amerikanischen Reeder eine solche Vereinbarung natürlich nicht schützen würde. Die von Herrn Gray Hill ausgesprochene Hoffnung, daß diese, zunächst also die amerikanischen Reedereien großen Gefahren aussetzende Entscheidung, wenn ein ähnlicher Fall noch einmal vor den höchsten Gerichtshof gelangen sollte, reformiert werden würde, fand allseitige Zustimmung.

Druck von J. J. Augustin in Glückstadt u. Hamburg.

www.ingramcontent.com/pod-product-compliance
Lightning Source LLC
LaVergne TN
LVHW091734021026
849161LV00003BB/612